*Für Daniel und Tobias*
*Vielen Dank für eure tollen Ideen!*



MIX
Papier aus verantwortungsvollen Quellen
FSC® C014138

2. Auflage 2025


Max-Eyth-Straße 41 | 71088 Holzgerlingen
brockhaus-verlag.de

Illustrationen: Guido Apel, Bamberg
Satz: Katrin Schäder, Velbert
Druck und Bindung: Finidr s.r.o.
Gedruckt in Tschechien

ISBN 978-3-417-28086-9
Bestell-Nr. 228.086

Lies mit mir!

Anke Becker • Guido Apel

# Echte Freunde und die Sache mit dem Mut

# Lesehilfe

**In diesem Buch gibt es Wörter, die nicht leicht zu lesen sind. Sie gehören zu dieser Freundschaftsgeschichte. Das sind sie:**

Sommerferien .................. SOMMER-FERIEN

Sportplatz ........................ SPORT-PLATZ

Wirklich ............................ WIRKLICH

Wachhund........................ WACH-HUND

Fahrrad............................ FAHR-RAD

Abenteuer ........................ ABENTEUER

Irgendetwas ..................... IRGEND-ETWAS

Handy .............................. lies: HENDI

Erwachsene...................... lies: ERWAKSENE

Auferstanden .................. AUFERSTANDEN
Auferstanden bedeutet: wieder lebendig geworden.

Streichhölzer .................. STREICH-HÖLZER

Durcheinander................. DURCH-EINANDER

# Inhalt

## 1. Endlich Ferien!

Bimbam! Es klingelt. Die Stunde ist zu Ende. Die Kinder der Klasse 2a jubeln. Die Schule ist für heute aus. Und nicht nur für heute: Nun sind Sommerferien! Sechs Wochen lang nicht lernen. Nur spielen. Und Urlaub machen.
Die Lehrerin wünscht ihnen schöne Ferien.
Timo und Jan nehmen ihre Taschen.

Sie verlassen den Raum.

Ihre Freunde sind schon auf dem Flur. Sie unterhalten sich aufgeregt.
Marie ruft fröhlich: „Morgen geht es los! Wir fahren nach Italien. Wir baden jeden Tag im Meer!“
Emil erwidert: „Wir fliegen nach Spanien. Unser Hotel hat ein tolles Programm für Kinder!“
Jeder hat etwas Schönes vor. Ali besucht Oma und Opa in der Türkei. Emmas Familie will in den Bergen wandern ... Nur Timo ist ganz still. Wie er wohl die Ferien verbringen wird? Finn fragt ihn danach.

Timo ist traurig. Sein Papa hat eine neue Arbeit. Deswegen kann er nicht freinehmen. Sie fahren nicht weg. Timo bleibt die ganze Zeit zu Hause. Die anderen schauen ihn betroffen an. Das klingt langweilig!

Jan tröstet Timo: „Ich bin nur zwei Wochen im Urlaub. Davor können wir etwas gemeinsam unternehmen. Und Jonas ist doch auch noch da!“ Jonas ist Timos großer Bruder. Die beiden verstehen sich gut.

Timo schüttelt den Kopf. Jonas darf ins Zeltlager. Eine ganze Woche! Zeltlager, das bedeutet: Lagerfeuer, Schwimmen im Badesee, viele Wettspiele ... Jonas redet ständig davon. Timo ist total neidisch auf ihn! Ali möchte wissen, warum Timo nicht einfach mitfährt.

## Timo ist zu jung.

Das Zeltlager ist erst ab zehn Jahren.

Die Freunde haben Mitleid mit Timo. Jan will ihn aufmuntern. Er meint: „Ach, komm! Es sind Ferien!

Wir werden ganz viel Spaß zusammen haben. Wir sind ja noch nicht weg. Wollen wir uns später zum Kicken treffen?“

Das finden alle super.

Sie verabreden sich für drei Uhr auf dem Sportplatz. Dann gehen sie nach Hause. Timo ist nun nicht mehr so traurig. Er freut sich auf das Fußballspiel. Der Nachmittag wird bestimmt toll!

## 2. Eine tolle Idee

Es ist Samstagmorgen. Der erste Ferientag. Timo schläft aus. Als er aufwacht, fällt es ihm sofort ein: Morgen fährt Jonas ins Zeltlager. Und er selbst bleibt zu Hause.
Der Junge hat noch keine Lust aufzustehen. Er schnappt sich ein Buch und liest eine Weile. Doch dann bekommt er Hunger. Er zieht sich an.

Im Flur trifft er seine Mutter.
Sie war im Keller.

Sie schleppt einen vollen Wäschekorb. Mama wünscht ihm lächelnd einen guten Morgen.
Timo murmelt eine Antwort. Die Mutter bemerkt seine schlechte Laune nicht. Sie hat viel zu tun. Sie muss noch für das Zeltlager packen. Jonas braucht Kleidung für eine Woche, einen Schlafsack, Geschirr aus Plastik, ... Er hat sogar ein Messer zum Schnitzen bekommen.

Alles dreht sich nur um Jonas! Timo ist neidisch. Sein Bruder sitzt in der Küche. Er isst Müsli. Jonas ruft: „Wir bauen gleich mein neues Zelt im Garten auf. Zur Probe. Machst du mit?“
Timo stöhnt. Auch das noch! Dazu hat er nun wirklich keine Lust. Er muss hier weg! Timo erwidert: „Nein, ich gehe zu Jan.“ Er löffelt schnell sein Müsli. Dann haut er ab.

## Jans Haus ist nebenan.

Er ist noch beim Frühstück. Seine Mutter Anne trinkt Kaffee und liest Zeitung. Ihr Hund Bob begrüßt Timo freundlich. Das Tier legt sich auf den Rücken. Es lässt sich den Bauch kraulen.
Jan wundert sich: Timo ist sonst nie so früh bei ihm. Timo erzählt, was zu Hause los ist. Er beschwert sich: „Jonas kriegt lauter neue Sachen. Er darf ins Zeltlager. Und ich muss mich hier langweilen!“
Jan erwidert: „Wieso langweilen? Wir unternehmen einfach auch etwas Tolles!“
Timo fragt nach, was er meint.

Sein Kumpel schlägt vor, auf den Spielplatz zu gehen. Sie könnten mit der Seilbahn fahren und ein wenig kicken. Timo tut so, als ob er gähnen muss. Die Seilbahn ist was für Kleinkinder!
Jan denkt nach. Sollen sie mit den Rädern in den Wald fahren? Dort haben sie mal mit der Klasse eine Hütte aus Ästen gebaut. Das hat Spaß gemacht!
Doch Timo wendet ein, dass sie dafür mehr Leute brauchen. Zu zweit geht das nicht so gut.
Jan überlegt weiter.

Sie könnten ja mit seinem Vater ins Freibad gehen.

Aber Timo findet, dass es dort in den Ferien zu voll ist.
Jan ärgert sich: „Dir passt heute auch gar nichts. Schlag du doch was vor!“
Auf einmal mischt sich Jans Mutter ein. Sie legt die Zeitung zusammen und sagt: „Ich habe eine Idee! Wollt ihr nicht auch zelten?“

Die Jungen sind erstaunt. Wie meint sie das? Anne lächelt.

## Sie erklärt, dass sie ein Zelt im Keller haben.

Ihr Mann und sie haben früher oft gezeltet. Timo ist verwirrt. Er gibt zu bedenken: „Wir sind noch zu jung fürs Zeltlager."
Jans Mama zuckt mit den Schultern. Sie entgegnet: „Na und? Ihr könnt doch an einem anderen Ort zelten. Wie wäre es mit unserem Garten?"

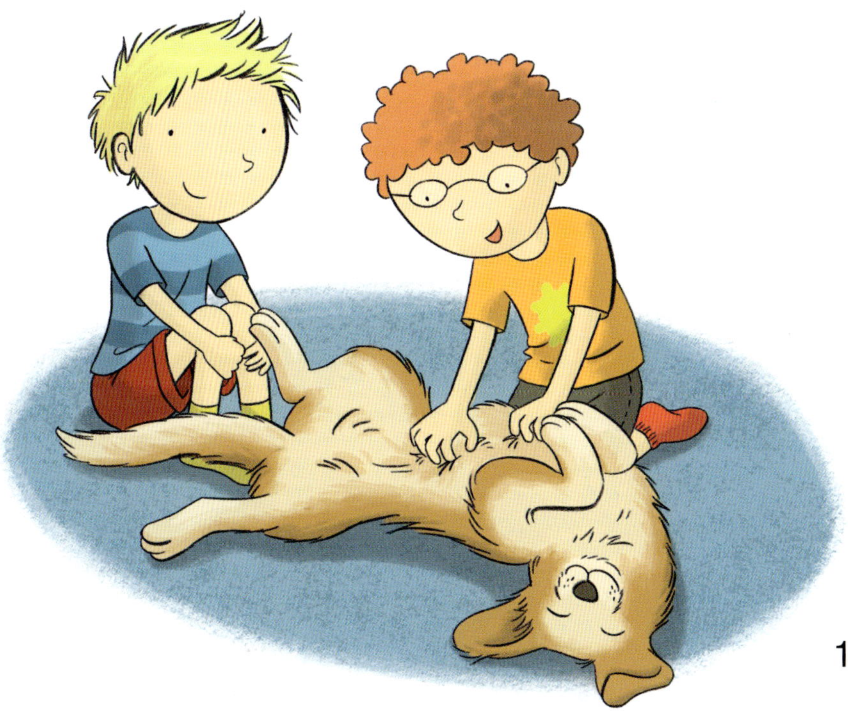

Die Freunde schauen sich verwundert an. Dann grinsen sie. Das ist ein guter Einfall!
Jan will wissen, ob sie auch Schlafsäcke haben.
Anne nickt und antwortet: „Na klar! Sie sind schon älter und nicht besonders dick. Aber ihr wollt ja nicht zum Nordpol. Für eine Sommernacht sind sie sicher warm genug."
Für Jan ist Zelten im Garten ganz in Ordnung.
Aber es dürfte auch noch spannender sein ...

## Er fände es besser, etwas weiter weg zu zelten.

Seine Mutter erkundigt sich: „Was stellst du dir denn vor?"
Jan grübelt: „Es müsste hier im Dorf sein ... Ich hab's! Auf der großen Wiese von Kramers. Neben dem Obstgarten." Familie Kramer hat einen Bauernhof am Rand des Dorfes. Ihnen gehören viele Apfelbäume.
Anne zögert: „Dort ist es aber etwas einsam."

Auch Timo findet das ein wenig unheimlich. Doch Jan will unbedingt an seinem Plan festhalten. Er schlägt vor: „Wir können ja Bob mitnehmen. Der passt auf uns auf!“ Als der Hund seinen Namen hört, richtet er sich auf und wedelt mit dem Schwanz.

Er trottet zu Jan.
Er stupst Jans Hand mit der Nase an.

Der Junge lacht: „Seht ihr? Bob gefällt das auch.“ Jans Mama stimmt zu. Bob ist ein guter Wachhund.

Dennoch möchte sie die beiden Kinder nicht allein zelten lassen. Aber Jan hat ja eine große Schwester. Sie heißt Julia und ist schon zehn Jahre alt. Sie können Julia fragen, ob sie auch zelten will. Und ihre Freundin Lena. Eine Woche Zeltlager ist den Mädchen zu lang. Aber das hier ist ja etwas anderes.

Timo und Jan machen oft etwas mit Julia und Lena. Sie spielen im Garten oder fahren Fahrrad. Sie verstehen sich gut. Das Zelten macht mit den Mädchen bestimmt noch mehr Spaß. Und zu viert würden sie sich auch etwas sicherer fühlen. Oder zu fünft, wenn man Bob mitrechnet!

**Im Moment schläft Julia leider.**

Aber sobald sie aufsteht, wollen sie sich nach ihrer Meinung erkundigen und Lena anrufen. Natürlich müssen auch noch Timos Eltern zustimmen. Timo hofft sehr, dass er ihre Erlaubnis bekommt. Denn so könnten die Ferien zu Hause doch noch schön werden!

## 3. Es geht los!

Timo freut sich: Seine Eltern erlauben ihm das Zelten! Julia und Lena haben auch Lust darauf. Sie sind gerne an der frischen Luft. Lena bringt sogar ein eigenes Zelt mit. Ihre Familie hat schon oft Zelturlaub gemacht.
Gleich morgen soll es losgehen! Die Ferien sind auf einmal nicht mehr langweilig.

Nun muss alles geplant werden.

Anne fährt mit den Freunden zu Bauer Kramer. Ob sie wohl seine Wiese benutzen dürfen? Er hat nichts dagegen!
Mittags wollen sie noch zu Hause essen. Für später dürfen sie sich Brötchen, Würstchen und Getränke mitnehmen. Natürlich brauchen sie auch etwas Süßes! Timo, Jan, Julia und Lena radeln zum Supermarkt. Sie kaufen Kekse und Gummibärchen. Julia backt sogar mit ihrer Mutter einen Kuchen. Darauf freuen sie sich besonders!

Timo kann es kaum erwarten.
Er ist total aufgeregt.

Doch er fürchtet sich auch ein wenig. Er hat noch nie draußen übernachtet. Und seine Eltern werden nicht dabei sein. Aber die Kinder haben ja einen Wachhund! Und überhaupt – was soll in ihrem Dorf schon Schlimmes passieren?
Am Sonntag bringen Timos Eltern Jonas zum Zeltlager. Jans Mutter Anne und sein Vater Nils kümmern sich um Timo und die anderen. Nach dem gemeinsamen Mittagessen laden sie ihren Bulli voll. Dann fahren sie zu Kramers Wiese. Als Erstes bauen sie dort die Zelte auf. Wie ging das noch mal? Nils fällt es zum Glück schnell wieder ein. Die Kinder dürfen die Stangen aufstellen. Sie schlagen auch die Heringe in die Erde. Heringe sind Haken. Damit macht man das Zelt am Boden fest.
Dem Hund Bob scheint das Abenteuer zu gefallen. Er kriecht mit Julia in Lenas Zelt. Dabei wirft er es fast wieder um! Lena lacht: „Es ist ja lieb, dass du

helfen willst, Bob. Aber du musst wohl noch etwas üben!“ Julia bringt Bob raus und nimmt ihn an die Leine.
Zum Glück ist das Wetter gut. Aber schon bald ist es sehr heiß. Alle sind froh, als sie fertig sind.

Nun holen sie den Rest aus dem Auto.

Danach verabschieden sich Anne und Nils.
Anne ruft: „Viel Spaß! Streitet euch nicht! Wenn irgendetwas ist, ruft ihr an.“

Julia hat ihr Handy mitgenommen. Damit können sie ihre Eltern erreichen.
Die Mädchen und Jungen legen ihre Matten in die Zelte. Sie breiten ihre Schlafsäcke und Kissen darauf aus. Jan testet seinen Schlafsack. Er findet ihn echt gemütlich. Doch bald wird es ihm zu warm darin. Sie setzen sich vor die Zelte und trinken etwas. Lena fragt: „Was machen wir nun?"
Es ist erst früher Nachmittag. Bis zum Schlafengehen haben sie noch viel Zeit. Alle überlegen. Timo und Jan würden gerne Fußball spielen. Doch die Mädchen haben keine Lust darauf. Außerdem ist es ihnen zu heiß dazu.
Timo fällt etwas ein: Sie sind ja nun zu viert.

Da könnten sie an ihrer Hütte im Wald weiterbauen.

Die hatten die Jungs im vorigen Sommer mit ihrer Klasse begonnen. Ob sie noch dort steht?
Jan stimmt zu: „Tolle Idee! Da ist es auch schattig."

Julia und Lena schauen sich an und nicken. So etwas macht ihnen Spaß. Und Bob braucht sowieso Bewegung.
Bis zum Wald ist es nicht weit. Sie müssen eine Weile suchen, doch sie finden die Stelle wieder. Ein Teil der Hütte ist noch da.

## Dieses Holz können sie verwenden.

Timo ruft: „Los, wir müssen noch mehr stabile Äste und dünne Stämme sammeln! Wir brauchen auch kleine Zweige."
Sie machen sich an die Arbeit. Sogar Bob trägt einen Stock im Maul. Aber er gibt ihn nicht her. Er spielt lieber selbst damit und kaut darauf herum!
Julia befestigt Bobs Leine an einem Baum. Der Hund darf nicht frei herumlaufen. Sonst könnte er andere Tiere jagen.

## 4. Ärger im Wald

Es ist nicht einfach, gutes Material zu finden. Endlich haben sie genug Holz. Sie richten die Stämme und Äste auf. Oben lehnen sie sie aneinander. Lena stellt fest: „Das sieht ja aus wie das Zelt eines Indianers! Nun haben wir im Wald auch ein Zelt.“

Jan erklärt, dass die Lehrerin ihre Hütte Tipi genannt hat.

Das Tipi ist aber noch nicht fertig. Sie müssen nämlich noch kleine Zweige zwischen die Äste und Stämme stecken. So wird die Hütte dicht. Das dauert lange.

Die Kinder bekommen Durst.

Aber sie haben leider nichts zu trinken dabei. Julia und Lena wollen ein paar Flaschen von ihrem Vorrat bei den Zelten holen. Sie nehmen Bob mit. Ihm ist an seiner Leine inzwischen langweilig geworden.

Timo und Jan bauen weiter.
Sie sammeln auch Moos.

Das wollen sie später auf die Zweige legen.
Auf einmal hören sie Stimmen. Das können doch nicht die Mädchen sein? Die sind noch nicht lange weg. Nein, es sind Jungs auf Fahrrädern. Sie halten bei ihnen an.
Timo stöhnt, denn er erkennt Luka. Ach du Schreck! Luka ist zwei Jahre älter als sie. Er ärgert häufig andere Kinder. Er haut und tritt sie ohne Grund. Luka wäre deswegen beinahe von der Schule geflogen.

Nun hat er die vierte Klasse abgeschlossen. Timo und Jan sind froh darüber. Nach den Ferien werden sie ihn nicht mehr auf dem Schulhof treffen. Dafür taucht er heute bei ihrem Tipi auf. Mit seiner ganzen Bande. Er ist der Anführer. Doch seine Freunde sind nicht viel besser als er. Luka ruft: „Wen haben wir denn da? Die lieben Kleinen! Sie spielen mit Stöckchen. Wie süß!“ Die anderen lachen hämisch.
Timo würde sich gerne hinter Jan verstecken.

## Jan ist mutiger als Timo.

Jan stellt sich gerade hin. Er schaut Luka direkt in die Augen. Er antwortet: „Das geht euch gar nichts an, Luka! Lasst uns in Ruhe!“
Luka sieht ihn verärgert an. Er erwidert: „Pass auf, was du sagst! Sonst hau ich dir eins auf die Nase!“
Er hebt drohend die Faust. Seine Begleiter lassen ihre Räder fallen.
Timo fürchtet sich. Sie werden sie doch nicht verprügeln?

Luka geht auf das Tipi zu. Er fordert seine Kumpel auf: „Als Erstes kümmern wir uns um das komische Holzding!“
Timo und Jan blicken sich erschrocken an. Wollen sie ihr Tipi zerstören?
Schon hat Luka seine Hand an einem der dicksten Zweige. Da erklingt ein lautes Bellen. Der Junge zuckt zurück. Jan atmet auf. Das ist bestimmt Bob!

Und so ist es: Da kommen Julia und Lena mit dem Hund.

Bob zerrt an seiner Leine und kläfft böse. Julia kann ihn kaum halten. Lena ruft: „Was ist denn hier los?“
Luka tritt schnell einen Schritt vom Tipi weg. Er antwortet frech: „Was soll los sein? Ich habe mir nur mal das Bauwerk angeguckt. Oder, Leute?“
Seine Freunde nicken eifrig.
Jan entgegnet: „Von wegen! Du wolltest es kaputt machen. Und mir eins auf die Nase hauen!“
Luka faucht: „Halt die Klappe, du Zwerg!“

Bob beginnt zu knurren
und zeigt die Zähne.

Julia spottet: „Ihr seid ja echt tolle Kerle, Luka! Ihr macht zwei Jüngeren Angst. Und das mit fünf Leuten. Ganz schön feige!“ Julia war bis vor Kurzem in Lukas Klasse. Sie kann ihn nicht leiden. Timo schluckt. Julia traut sich was!
Bestimmt ist Luka nun sauer. Aber der geht zu seinem Fahrrad zurück. Dabei sagt er: „Das war

doch nur Spaß. Ich kann nichts dafür, wenn die beiden das falsch verstehen. Wir müssen dann auch mal weiter. Los, Leute! Abflug!“
Die ganze Bande schwingt sich auf die Räder. Bald sind sie verschwunden.
Julia, Lena, Timo und Jan sind erleichtert. Timo schnauft: „Das war knapp!“
Julia streichelt Bob. Sie lobt ihn: „Das hast du ganz toll gemacht!“ Bob wedelt mit dem Schwanz und leckt ihr über die Hand.
Lena wundert sich. Kaum zu glauben, wie Luka sich benimmt. Zu den Mädchen war er bisher immer nett.
Die vier setzen sich in ihr Tipi und trinken etwas.

Sie haben heute keine Lust mehr weiterzubauen.

Sie unterhalten sich noch eine Weile über das Erlebte. Bald machen sie sich auf den Rückweg zu ihren Zelten.

## 5. Ein unheimliches Erlebnis

An ihrem Zeltplatz spielen die vier Freunde eine Weile Verstecken. Kramers Hof und die Obstwiesen eignen sich sehr gut dafür. Dann bekommen sie Hunger. Sie setzen sich zum Abendessen vor die Zelte.
Erst gibt es Brötchen und Würstchen. Danach lassen die Kinder sich den leckeren Kuchen schmecken. Später vertreiben sie sich die Zeit mit ein paar Runden Uno. Sie lachen sich kaputt, weil Jan sich jedes Mal die Farbe Grün wünscht.

Irgendwann beginnen sie zu frieren.

Außerdem sind Wolken aufgezogen. Daher wird es früh dunkel. Sie kriechen in die Zelte und schlüpfen in ihre Schlafsäcke. Jan legt eine Decke für Bob zwischen seine und Timos Matte. Der Hund nimmt darauf Platz und lässt sich von beiden streicheln. Das gefällt ihm gut! Zu Hause darf er nicht mit ins Bett.

Auf einmal hält Timo schnuppernd seine Nase in die Luft.

Er fragt: „Was riecht denn hier so?“ Er sucht nach der Ursache für den Gestank – und findet Jans Schuhe! Er hat sie mit ins Zelt genommen. Timo jammert, dass er so auf keinen Fall schlafen kann. Schließlich lässt Jan sich überzeugen: Er stellt seine Schuhe draußen vor die Tür.

Aus dem Nachbarzelt klingen die Stimmen der Mädchen herüber. Sie unterhalten sich und kichern. Bald fallen allen die Augen zu. Sie schlafen ein.
Nach etwa einer halben Stunde schreckt Timo hoch. Im ersten Moment weiß er gar nicht, wo er ist. Ach so, im Zelt! Bob hat sich aufgerichtet. Was ist bloß los?

## Hat der Hund etwas gehört?

Er knurrt leise. Nun wird auch Jan wach. Ist da etwa ein wildes Tier unterwegs? Ein Wolf?
Nein, es sind anscheinend Menschen. Sie reden miteinander. Etwas raschelt. Timo fürchtet sich.
Sie sind hier ganz allein. Hätten sie bloß im Garten gezeltet!
Bob fängt an zu bellen. Das weckt die Mädchen.
Julia ruft: „Wer ist da?“
Nun hört man eilige Schritte. Sie entfernen sich.
Jan flüstert: „Die sind mit Rädern hier.“

Stimmt! Das klingt nach Fahrrädern, die über einen Kiesweg fahren. Dann herrscht Stille. Bob beruhigt sich etwas. Jan öffnet die Tür des Zeltes und schaut hinaus. Auch Lena streckt den Kopf aus dem Zelt. Sie erkundigt sich: „Alles klar, Jungs?"

Bob will den Leuten hinterherlaufen.
Aber Jan verbietet es ihm.

Das Tier gehorcht.
Die Kinder krabbeln aus ihren Zelten. Timo hat ganz weiche Knie. Er fragt: „Wer war das denn?“
Julia zuckt mit den Schultern. Sie hat keine Ahnung.
Jan meint: „Es waren auf jeden Fall mehrere. Und sie hatten Fahrräder.“
Lena wundert sich: „Was wollten die denn um diese Uhrzeit hier draußen? Es ist doch schon dunkel.“

## Timo bittet Julia, ihre Eltern anzurufen. Aber Jan ist dagegen.

Er antwortet: „Warum? Es ist doch gar nichts passiert. Wahrscheinlich haben sie noch nicht mal unsere Zelte bemerkt. Wir sollten Mama und Papa nicht davon erzählen. Sonst lassen sie uns nicht länger zelten.“
Die anderen stimmen zu. Jan denkt einen Moment nach. Dann fährt er fort: „Außerdem will ich wissen, was sie vorhatten. Um diese Uhrzeit

macht man doch keinen Ausflug. Und sie sind abgehauen, als Bob gebellt hat. Womöglich wollten sie bei Kramers einbrechen. Und sie versuchen es morgen wieder."

Diesen Gedanken finden alle spannend. Doch Julia ist nicht überzeugt. Sie wendet ein: „Einbrecher auf Fahrrädern? Wie wollen die denn ihre Beute mitnehmen?"

Die vier sind ratlos. Aber sie möchten auf jeden Fall herausfinden, was dahintersteckt.

Sie vereinbaren, morgen Abend Wache zu halten.

Timo ist das ein wenig unheimlich.
Aber er will kein Feigling sein.

Zum Glück haben sie ja Bob als Wachhund dabei!

## 6. Ein echter Freund

Die Kinder sind nach diesem Erlebnis aufgedreht. Sie schlafen erst spät ein. Der Rest der Nacht verläuft ruhig.
Am Morgen wachen sie auf, als sie ein Auto hören. Jans und Julias Eltern bringen ihnen das Frühstück.

Jan krabbelt verschlafen aus dem Zelt.

Als er in seine Schuhe schlüpft, ruft er: „Iiih, die sind ja ganz nass!"
Anne lacht: „Hast du die Schuhe draußen stehen gelassen? Das darf man beim Zelten nicht machen. Nun sind sie feucht vom Tau! Aber bei diesem Sonnenschein trocknen sie auch schnell wieder!"
Jan knufft Timo in die Seite. Er knurrt: „Heute Nacht bleiben die Schuhe im Zelt. Egal ob sie stinken oder nicht!"
Timo grinst. Er hat nicht bedacht, dass die Schuhe draußen nass werden könnten.

Anne und Nils packen Hundefutter, belegte Brötchen und Milch aus. Für sich selbst haben sie Kaffee dabei. Sie setzen sich zu den Freunden und unterhalten sich mit ihnen. Anne fragt: „Ist alles gut bei euch?“

Timo, Jan, Julia und Lena werfen sich heimliche Blicke zu. Julia antwortet: „Klar! Warum denn nicht?“ Sie erzählen den Erwachsenen von ihrem Tipi. Diese versprechen, es sich bald einmal anzuschauen.

## Und was wollen die Kinder heute unternehmen?

Lena schlägt einen Ausflug mit dem Fahrrad vor. Die anderen finden die Idee gut. Sie fahren mit Jans Eltern nach Hause, um ihre Räder zu holen. Jan raunt Julia zu: „Mit den Fahrrädern können wir auch die Verbrecher verfolgen!“

Julia schüttelt den Kopf. Jan übertreibt ein wenig! Vermutlich waren das gestern auch nur ein paar Jugendliche.

Anne gibt den Vieren etwas für ein Picknick mit. Sie steckt auch einen Hundekuchen für Bob dazu. Und schon geht es los!

## Die Kinder verlassen das Dorf.

Sie bleiben auf Feldwegen und kommen zu einem großen Wald.
Langsam wird es heiß. Daher freuen sich alle über den Schatten. Sie radeln noch eine halbe Stunde weiter. Nun braucht Lena eine Pause. Sie finden eine Bank und trinken dort etwas. Bob bekommt Wasser aus einer Schale. Ihm ist nach dem schnellen Laufen auch warm.
Auf einmal hebt der Hund den Kopf und stellt die Ohren auf. Julia fragt: „Was ist los, Bob?“
Dann hören sie es auch: Musik klingt durch den Wald. Man hört Gitarren und Gesang. Die Kinder schauen sich verwundert an. Doch Timo fällt etwas ein: Hier in der Nähe findet ja das Zeltlager statt. Dort ist sein Bruder Jonas gerade. Die Freunde könnten ihn besuchen!

Sie schwingen sich wieder auf ihre Räder und sausen los. Sie bleiben an jeder Kreuzung stehen und horchen. Bald haben sie das Zeltlager gefunden.

Es liegt am Waldrand.

Die Freunde steigen ab. Sie wollen sich heimlich heranschleichen. Sie verstecken ihre Fahrräder. Dann blicken sie sich um. Sie sehen einen großen Platz. Viele Kinder und ein paar Erwachsene

sitzen auf Bänken. Vor ihnen stehen junge Leute mit Gitarren. Sie begleiten den fröhlichen Gesang. Timo versteht nicht den ganzen Text des Liedes. Aber er hört ein paar Mal: „Immer und überall, immer bin ich da!“ Er überlegt: Wer ist damit gemeint? Wer ist immer und überall da? Timo hat keine Idee.

## Nun ist das Lied zu Ende.

Ein Mann geht nach vorne. Jan stößt Timo an. Er flüstert: „Das ist ja Herr Baumann!“ Stimmt! Timo hat ihn auch erkannt.

Herr Baumann ist seit ein paar Monaten an ihrer Schule.

Ihre Klasse hat ihn in Religion. Er ist aber kein richtiger Lehrer. Er muss erst noch eine Prüfung ablegen.
Jan fragt: „Was macht der denn hier?“
Lena weiß es: „Mark Baumann leitet das Zeltlager. Er gehört zu unserer Kirche.“
Herr Baumann sieht heute ganz anders aus als in der Schule. Er trägt Sportsachen. Seine braunen Locken, die er sonst ordentlich kämmt, fallen ihm in die Stirn. Außerdem hat er einen Bart.
Nun fängt er an zu sprechen. Er erklärt: In dem Lied geht es um Gottes Sohn, Jesus Christus. Jesus hat vor zweitausend Jahren als Mensch auf der Erde gelebt. Nach seinem Tod ist er wieder auferstanden. Er wohnt nun für immer bei seinem Vater im Himmel. Herr Baumann fährt fort: „Jesus kennt alle Menschen. Er kennt auch dich. Er kann besser auf dich aufpassen als deine Eltern, denn er ist immer bei dir. Er sieht dich. Du kannst jederzeit

mit ihm reden. Das nennt man beten. Er hört dich. Er möchte dein Freund sein und dir helfen."
Timo staunt. Das hat ihm noch niemand erzählt. Auch nicht in Religion. Da lesen sie zwar Geschichten über Jesus. Aber Timo wusste bisher nicht, dass Jesus immer bei ihm ist. Und dass er mit ihm reden kann. So wie mit einem Freund. Darüber muss er später mal nachdenken.
Nach der Rede von Herrn Baumann gibt es noch ein Lied.

Dann ist Pause. Die Teilnehmer des Zeltlagers stehen auf.

Timo entdeckt Jonas. Er nähert sich ihm von hinten. Er schlägt seinem Bruder auf die Schulter und ruft: „Buh!"
Jonas zuckt zusammen. Er dreht sich erschrocken um. Als er Timo sieht, grinst er. Er fragt: „Hallo, was machst du denn hier?"

Nun kommen auch Timos Freunde näher. Timo erklärt: „Wir sind mit den Rädern hier. Und wir zelten auch!“
Julia, Lena und Jan begrüßen Jonas.

## Bob wedelt mit dem Schwanz.

Er lässt sich von Jonas streicheln. Die Kinder unterhalten sich eine Weile. Jonas berichtet, was sie alles im Zeltlager machen. Er schwärmt: „Es gibt jeden Abend ein Lagerfeuer. Und wir backen Stockbrot!“

Jan findet das spannend.
Timo sieht es ihm an.

Ob sein Freund wohl schon wieder Pläne schmiedet?
Jonas muss nun zum Mittagessen. Die anderen verabschieden sich. Sie gehen zu ihren Fahrrädern und brechen auf. Kurze Zeit später suchen sie sich eine Bank im Wald. Dort packen sie ihr Picknick aus und essen. Bob bekommt seinen Hundekuchen und eine Schüssel Wasser.
Timo fragt Lena über Herrn Baumann aus. Sie erzählt, dass er in ihrer Kirchengemeinde die Kindergruppe leitet. Dort machen sie tolle Spiele und erfahren etwas über Jesus.
Lena meint: „Mark Baumann ist echt klasse. Er ist für jeden Spaß zu haben. Und er ist total sportlich. Er kann sogar Saltos!“
Die Jungs finden das stark. Das hätten sie ihrem Lehrer gar nicht zugetraut. Sie könnten sich die Kindergruppe nach den Ferien ja mal anschauen.

## 7. In großer Gefahr

Später besuchen die Kinder die Eisdiele im Nachbardorf. Jeder kauft sich eine große Eiswaffel.

Es ist viel los. Sie treffen sogar Freunde aus der Schule.

Der Nachmittag vergeht wie im Flug. Als sie zurückfahren, ist es schon fünf Uhr.
Auf dem Rückweg halten sie noch mal bei Julias und Jans Eltern. Sie nehmen belegte Brote für das Abendessen mit. Jan verschwindet kurz und kommt mit einer Tasche wieder. Doch er verrät nicht, was darin ist. Das soll eine Überraschung werden!
Nach dem vielen Radeln sind sie müde. Sie setzen sich vor ihre Zelte und lassen sich die Brote schmecken. Da fällt Julia etwas ein. Sie fragt: „Jan, was hast du eigentlich zu Hause in deine Tasche gesteckt?“
Jan grinst. Dann holt er eine Packung Streichhölzer hervor.

Lena wundert sich: „Was willst du denn damit?“
Timo hat einen Verdacht. Er denkt an das Lagerfeuer beim Zeltlager. Und richtig: Jan ist der Meinung, dass sie auch ein Lagerfeuer brauchen. Das gehört einfach zum Zelten dazu.
Die Mädchen finden die Idee gut. Am Lagerfeuer kann man sich toll etwas erzählen!
Nur Timo ist das Ganze etwas unheimlich. Er weiß, dass Feuer gefährlich sein kann. Doch er traut sich nicht, etwas dagegen zu sagen. Er will den anderen nicht den Spaß verderben.
Lenas Eltern haben einen Kamin. Sie gibt zu bedenken, dass Feuer zu machen nicht einfach ist. Doch Jan ist ja nicht dumm. Er hat alte Zeitungen mitgebracht. Die will er als Erstes anzünden. Außerdem müssen sie kleine Äste aus dem Wald holen.

Sie haben für ihr Tipi genug gesammelt.

Auf einmal sind die Freunde gar nicht mehr so kaputt.

Gleich nach dem Essen fahren sie in den Wald. Sie nehmen ein paar leere Taschen mit. Diese laden sie mit Holz voll. Lena findet es nicht so schön, dass ihre Tasche dadurch dreckig wird. Aber sie freut sich auf das Lagerfeuer.
Zurück bei Kramers suchen sie erst einmal nach einem guten Platz.
Das Feuer darf nicht zu nah bei ihren Zelten sein. Und von den Bäumen müssen sie auch Abstand halten. Dort drüben könnte es gehen!

## Da gibt es eine freie Stelle neben der Wiese.

Sie schichten alles Holz auf einen Stapel.
Julia denkt nach. Dann fragt sie: „Müssen wir nicht große Steine um den Feuerplatz legen? So war das im Zeltlager auch.“
Die vier Kinder schauen sich an. Natürlich! Steine brennen nicht.

Sie bilden eine gute Grenze
für das Feuer.

Daran haben sie gar nicht gedacht. Aber wo sollen sie nun noch große Steine finden?
Jan zuckt mit den Schultern. Er sagt: „Wir machen ja nur ein kleines Feuer. Da kann nichts passieren.“
Die Mädchen stimmen ihm zu. Bei so wenig Holz geht das Feuer bestimmt bald von selbst wieder

aus. Timo ist sich da nicht sicher. Aber er sagt nichts.
Die Freunde zerknüllen ein paar Zeitungen. Dann legen sie die kleinen Äste darauf. Jan zündet ein Streichholz an. Er hält es an das Papier. Doch der Wind bläst es wieder aus.
Lena rät ihm, das Streichholz mit der Hand zu umschließen.

## Dann bekommt es keinen Wind ab.

Das hat sie mal in einem Film gesehen. Jan versucht es noch zweimal. Doch die Flammen verlöschen immer wieder. Nun haben sie nur noch sieben Streichhölzer.
Julia ruft: „Mensch, Jan! Du schaffst es nicht. Lass mich mal!“
Jan sieht seine Schwester ärgerlich an. Aber er gibt ihr die Streichhölzer. Als Julia eins anmacht, hält Lena beide Hände darum. Zusammen schaffen es die Mädchen, die Zeitungen in Brand zu setzen. Endlich! Jan wirft kleine Zweige auf die Flammen.

Und tatsächlich: Das Holz brennt gut! Schon bald können sie ein paar größere Äste dazulegen.

Die Kinder freuen sich über ihr Lagerfeuer.

Auch Timo findet es nun gemütlich. Nur Bob hält sich vom Feuer fern. Ihm scheint es nicht ganz geheuer zu sein.

Jan ist stolz auf seine Idee. Er legt eifrig Holz nach. Die Flammen steigen immer höher.
Nun kommt Wind auf. Er facht das Feuer weiter an. Auf einmal fliegt ein Funke auf die Wiese. Dann noch einer. Das trockene Gras fängt an zu brennen. Der Brand breitet sich schnell weiter aus. Ach du Schreck! Die Kinder springen auf.

## Der Hund bellt laut.

Julia befiehlt ihm: „Ruhig, Bob! Sonst kommen gleich Kramers!“
Timo schreit: „Wir brauchen sie ja auch! Oder wir rufen die Feuerwehr an!“
Doch Jan will nicht, dass jemand etwas merkt. Er beruhigt seinen Freund: „Das sind doch nur kleine Flammen. Die löschen wir alleine!“ Er stampft auf dem brennenden Gras herum. Er hat zum Glück feste Schuhe an. Lena und Julia machen es ihm nach.
Timo ist wie gelähmt. Was sollen sie bloß tun?
Ein Gedanke schießt ihm durch den Kopf. Etwas, das Herr Baumann heute gesagt hat: „Jesus ist

immer bei dir. Du kannst mit ihm reden. Er möchte dir helfen.“

Timo betet leise: „Hilfe, Jesus! Es brennt!“ Sofort wird der Junge ein wenig ruhiger. Warum das so ist, weiß er auch nicht genau. Jedenfalls kann er wieder klar denken. Und dann fällt es ihm ein: Sie brauchen Wasser!

Timo schüttet den Rest aus seiner Flasche auf die brennende Wiese.

Dann auch noch das Wasser aus den anderen Flaschen. Lena hilft ihm dabei. Jan und Julia treten weiter auf das Gras. Und tatsächlich: Nach ein paar Minuten haben sie den Brand gelöscht. Das Lagerfeuer glimmt auch nur noch.

Die Kinder atmen auf. Das ist gerade noch mal gut gegangen! Sie setzen sich erleichtert wieder hin. Doch ihre gute Laune ist nun vorbei. Timo zittern die Knie. Man sieht Jan an, dass er ein schlechtes Gewissen hat. Das Ganze war ja seine Idee. Das hätte schlimm ausgehen können!

Lena findet, dass sie Bauer Kramer Bescheid sagen müssen. Schließlich ist es seine Wiese. Die anderen zögern. Womöglich sieht man ja morgen gar nicht mehr viel? Sie beschließen, erst mal abzuwarten. Sie gießen Wasser auf die Reste des Lagerfeuers. Es zischt.

## Sie prüfen, ob es ganz aus ist.

Nun können sie eigentlich schlafen gehen. Aber da erinnert sich Lena an etwas: „Die Verbrecher! Die Leute von gestern Nacht. Was ist, wenn sie heute wiederkommen?"

Die Kinder blicken sich an. Ach ja! Sie haben gestern Stimmen gehört. Und Schritte. Sie haben geplant, heute Abend Wache zu halten. Das hätten sie vor lauter Aufregung beinahe vergessen! Sie sprechen sich ab: Die Jungs wollen die erste Schicht übernehmen. In zwei Stunden werden sie die Mädchen wecken.

Dann kriechen die vier in ihre Zelte. Sie sind müde, aber auch gespannt. Ob sich wohl etwas tun wird?

## 8. Diebe in der Nacht

Timo und Jan schlüpfen in ihre Schlafsäcke. Eine Taschenlampe bleibt an. Sie machen es sich mit einer Tüte Gummibärchen gemütlich.
Bob liegt wieder zwischen den beiden. Er schläft bald ein.

Timo und Jan unterhalten sich leise.

Sie wollen die Mädchen nicht stören. Sie sprechen natürlich auch über das Feuer. Timo denkt an sein Gebet. Er hat Jesus um Hilfe angefleht. Danach fielen ihm die Wasserflaschen ein. Und sie konnten das Feuer löschen. Timo ist sich sicher: Jesus hat eingegriffen! Aber soll er seinem Freund davon erzählen? Jan könnte ihn auslachen. Er meint bestimmt, dass sie das Feuer allein gelöscht haben. Timo erwähnt das Gebet lieber nicht.
Bob liegt ganz entspannt da. Auf einmal macht er: „Wuff!“ Seine Pfoten zucken. Das sieht lustig aus.

Die Jungs kichern. Jan erklärt: „Wahrscheinlich jagt er gerade im Traum einen Hasen!“

## Die Kinder werden immer müder.

Sie können kaum noch die Augen offen halten. Schließlich dösen beide ein. Doch kurz darauf schrecken sie hoch. Was sind das für Geräusche? Der Hund stellt seine Ohren auf. Er knurrt. Jan legt ihm eine Hand auf den Kopf. Er befiehlt: „Ruhig, Bob!“ Das Tier gehorcht.

Timo flüstert: „Da draußen sind Leute. Wahrscheinlich die von gestern.“

Jan nickt. Er erwidert: „Wir müssen die Mädchen wecken.“

Sie öffnen vorsichtig die Tür des Zeltes und schleichen zu ihnen hinüber. Julia und Lena sind schon wach. Julia nimmt Bob an die Leine. Die Geräusche kommen von der Obstwiese. Die Kinder laufen gemeinsam in diese Richtung.

Es ist noch nicht ganz dunkel. Timo hält ein paar Finger vor den Lichtstrahl seiner Taschenlampe.

So werden sie nicht so leicht entdeckt. Aber sie können ein wenig sehen. Julia hat Mühe, Bob ruhig zu halten. Die Freunde nähern sich der Wiese.

Timo zeigt auf einen Busch.

Dahinter stehen Fahrräder. Und zwei Anhänger.
Jemand sagt: „Pass doch auf! Die Äpfel dürfen nicht auf den Boden fallen. Sonst haben sie Dellen. Und mein Bruder kann sie nicht mehr auf dem Großmarkt verkaufen.“
Nun wissen sie, was hier vor sich geht. Lena wispert: „Die klauen Kramers Äpfel!“
Julia ergänzt: „Sie wollen sie verkaufen!“
Timo würde gerne zurückgehen. Sie müssen Kramers Bescheid sagen. Doch Jan möchte sehen, wer die Diebe sind. Die Stimme des einen kommt ihm nämlich bekannt vor. Sie pirschen sich weiter an die Obstwiese heran. Da tritt Lena auf einen Zweig. Es knackt laut. Die Kinder bleiben erschrocken stehen.

## Hoffentlich hat das niemand gehört!

Die Räuber machen einfach weiter. Sie haben wohl nichts mitbekommen. Glück gehabt! Die vier atmen auf.
Jan späht durch ein paar Zweige. Er berichtet: „Das sind Jugendliche. Zwei sitzen oben in den Bäumen. Sie reichen Äpfel herunter. Die anderen haben Eimer."
Ein Junge ruft: „Es reicht! Mehr passt nicht in die Anhänger. Kommt runter!"

Jan erschrickt. Er zischt: „Schnell! Gleich gehen sie zu ihren Rädern!“

## Timo, Julia, Lena und Jan haben es eilig.

So leise wie möglich kehren sie zu ihren Zelten zurück. Dort schnaufen sie erst einmal tief durch. Sie sind froh, dass die Diebe sie nicht bemerkt haben.
Doch was sollen sie nun tun? Timo will Kramers verständigen. Lena zögert. Es ist sehr spät. Bestimmt schläft die Familie schon. Und die Räuber sind sicher bereits weg.
Jan ist still. Julia fragt ihn: „Was ist los, Jan?“
Jan antwortet zögernd: „Ich glaube, das war Luka!“
Seine Freunde staunen. Timo fragt ungläubig: „Wer war Luka?“
Jan erwidert: „Der, der so gemeckert hat. Dass sie die Äpfel nicht fallen lassen sollen. Ich wusste doch, dass ich die Stimme kenne. Außerdem

arbeitet Lukas Bruder beim Großmarkt. Das hat er mal erzählt. Die anderen gehören wahrscheinlich zu seiner Bande."
Puh! Das müssen sie erst mal verdauen! Dass Luka andere Kinder ärgert, wussten sie. Aber dass er Obst klaut?

## So etwas hätten sie nicht für möglich gehalten.

Die Jungs stellen sich vor, wie Luka von der Polizei abgeführt wird. Womöglich muss er sogar ins Gefängnis?
Aber Julia meint: „Das ist doch Unsinn! Kinder kommen nicht ins Gefängnis."
Trotzdem ist ihnen unwohl beim Gedanken an die Polizei. Sie beschließen, am Morgen mit ihren Eltern zu sprechen. Die werden wissen, was zu tun ist.
Die Freunde kriechen wieder in ihre Zelte. Sie sind total müde. Trotz der Aufregung schlafen sie bald ein.

## 9. Die Drohung

Morgens schlafen die Kinder lang. Zum Frühstück essen sie die Reste von gestern. Danach wollen sie zu den Eltern von Jan und Julia fahren. Sie möchten ihnen von dem Diebstahl erzählen. Außerdem brauchen sie neue Vorräte.
Doch auf einmal fängt Bob an zu knurren. Kurze Zeit später kennen sie den Grund: Eine Gruppe von Radfahrern kommt den Weg entlang. O nein! Es ist Luka mit seiner Bande. Ausgerechnet heute! Timo ist es mulmig zumute. Denn bisher wusste Luka nicht, dass sie hier zelten. Er konnte nicht ahnen, dass sie ihm auf die Schliche gekommen sind. Hoffentlich merkt er nichts!

Luka und die anderen
halten vor den Zelten an.

Bob bellt. Sicher erinnert er sich an den Ärger bei ihrem Tipi im Wald. Jan beruhigt den Hund und nimmt ihn an die Leine.

Luka grinst spöttisch. Er ruft: „Da sind ja die kleinen Jungs wieder! Dieses Mal spielt ihr wohl Indianer, was? Oder was soll das mit den Zelten? Und die Mädels passen auf euch auf?“
Jan schnaubt: „Wir brauchen doch keine Aufpasser! Hau ab, Luka!“
Timo schluckt. Jan traut sich was! Hoffentlich wird Luka nicht böse ...
Doch der lacht: „Ganz schön mutig, der Zwerg! Mal sehen, ob wir ihn in unserer Bande gebrauchen können.“

Luka überlegt einen Moment.
Dann hat er eine Idee.

Er fordert Jan auf: „Beweise uns, dass du auch ohne deinen Hund kein Feigling bist! Dann nehmen wir dich bei uns auf. Und wir lassen deine Freunde in Ruhe.“
Jan verschränkt die Arme. Er fragt: „Wie soll ich das machen?“

Luka zeigt in Richtung Obstwiese. Dann erklärt er: „Der Bauer hat so viele Äpfel. Da fällt es gar nicht auf, wenn ein paar fehlen. Wir kommen heute Abend wieder. Du kletterst auf einen Baum. Du lieferst uns einen Eimer voller Äpfel. Wenn du die Mutprobe bestehst, bist du dabei!"
Jan erwidert: „Äpfel klauen? So wie ihr gestern?"
Dann hält er sich die Hand vor den Mund.

Das hätte er besser nicht gesagt!

Luka macht ein grimmiges Gesicht. Er baut sich vor Jan auf und faucht: „Was weißt du darüber?" Lukas Freunde steigen von ihren Rädern. Bob knurrt wieder und fletscht die Zähne. Timo ist froh, dass sie den Hund dabeihaben. Ohne ihn würde Luka Jan bestimmt schlagen!
Jan schweigt. Luka droht ihm: „Wenn ihr jemandem etwas davon sagt, mach ich euch platt! Ich erwische euch sicher mal ohne deinen Köter." Er blickt Lena an und fährt fort: „Und dir, Lena, schneide ich die schönen schwarzen Haare ab!"
Lena zuckt zusammen. Und auch Julia scheint sich nun vor Luka zu fürchten.
Luka fragt: „Habt ihr das verstanden?"
Die vier nicken.

Luka und seine Bande steigen auf ihre Räder.

Sie fahren Richtung Wald davon. Timo muss sich setzen. Seine Beine fühlen sich an wie Pudding.

Die anderen gesellen sich zu ihm. Julia fragt: „Was machen wir nun?“
Alle sind ratlos. Sie wissen: Sie müssten den Diebstahl melden. Aber dann denken sie an Lukas Drohung. Julia vermutet zwar, dass er nur angibt. Dass er sich nicht trauen würde, ihnen etwas zu tun. Doch sie ist sich nicht ganz sicher.
Timo ist verzweifelt. Wie sollen sie sich nur verhalten? Ihm fällt wieder ein, was Herr Baumann gesagt hat:

**Jesus passt auf ihn auf.**
**Timo kann immer mit ihm reden.**

Jesus möchte sein Freund sein und ihm helfen. Gestern hat er das ja auch getan! Davon ist Timo überzeugt. Timo betet in Gedanken: „Bitte hilf uns, Jesus! Du willst doch bestimmt, dass die Diebe bestraft werden. Und bitte beschütze uns vor Luka!“
Sie reden noch eine Weile über ihre schwierige Lage. Doch sie finden keine Lösung.

## 10. Hilfe von oben

Wenig später hören sie schon wieder Stimmen. Kommt die Bande etwa zurück? Nein, es sind andere Kinder. Sie plappern aufgeregt durcheinander. Zwei junge Männer sind bei ihnen. Timo staunt, denn eines der Kinder ist sein Bruder Jonas! Und einen der Männer kennt er auch: Mark Baumann! Der zweite ist wohl ein Mitarbeiter des Zeltlagers.

### Was wollen die denn hier?

Timo fragt Jonas danach. Jonas erklärt, dass sie ein Spiel machen. Sie sind in Gruppen unterwegs und erfüllen verschiedene Aufgaben. Dabei sind sie erst ein Stück durch den Wald gelaufen. Dann wurden sie hierher geführt.
Jonas muss nun seiner Gruppe bei der Lösung eines Rätsels helfen. Deswegen verabschieden sich die Brüder voneinander.

Herr Baumann begrüßt Timo und seine Freunde. Er freut sich: „Ihr habt ja euer eigenes Zeltlager. Das finde ich super!“ Er unterhält sich kurz mit ihnen. Dann erkundigt er sich: „Ist alles in Ordnung? Ihr seht nicht gerade sehr fröhlich aus!“ Timo, Jan und Julia überlegen.

## Sollen sie ihm alles erzählen?

Lena ermutigt sie dazu. Sie kennt Mark Baumann aus ihrer Gemeinde. Sie weiß, dass man ihm vertrauen kann. Doch hat er überhaupt so viel Zeit für sie? Sie fragen ihn. Herr Baumann spricht kurz mit seinem Mitarbeiter. Dieser nickt und geht dann mit Jonas und seiner Gruppe weiter.
Mark Baumann setzt sich zu den vier Freunden. Er sagt: „So, nun bin ich ganz für euch da! Es reicht, wenn ich zum Mittagessen wieder am Zeltplatz bin.“ Bob schnuppert an Herrn Baumanns Hand. Dann legt der Hund sich neben ihn und lässt sich streicheln. Lena lächelt. Selbst Bob scheint Herrn Baumann gleich zu vertrauen!

Mark Baumann erlaubt ihnen, ihn außerhalb der Schule mit dem Vornamen anzusprechen. Das tun alle im Zeltlager und in der Kindergruppe, die er leitet.

Dann fragt er: „Also, was ist los?“

Sie berichten nacheinander, was sie mit Luka erlebt haben. Sie beginnen mit dem Ärger beim Tipi im Wald. Am Ende erzählen sie von der Drohung heute Morgen.

Mark hört ihnen mit ernstem Gesicht zu. Er unterbricht sie nicht.
Timo überlegt: Soll er auch sein Gebet erwähnen? Er hat das Gefühl, dass Jesus ihnen Mark Baumann geschickt hat. Warum ist er sonst genau in dem Augenblick hier vorbeigelaufen, als sie Hilfe brauchten? Anscheinend hat Jesus Timos Bitte direkt erfüllt. Das ist echt stark!

## Timo nimmt all seinen Mut zusammen.

Obwohl er Angst hat, dass die anderen über ihn lachen werden. Er wiederholt, was er von Marks Vortrag beim Zeltlager behalten hat: dass Jesus sein Freund sein und ihm helfen will. Und dass er immer mit ihm reden kann. Dann schildert Timo, wie Mark Baumann heute wie gerufen zu ihnen kam.
Mark antwortet: „Du hast genau verstanden, worum es mir gestern ging. Du hast es sogar gleich ausprobiert. Das ist klasse! Ich habe diese Erfahrung schon oft gemacht: Wenn wir Menschen

nicht mehr weiterwissen, hat Jesus doch alles im Griff. Und er hilft uns.“ Er fährt lächelnd fort: „Übrigens: Wir können ganz ohne Mutprobe Freunde von Jesus werden. Es reicht, wenn wir ihm das einfach sagen. Er freut sich über jeden neuen Freund und jede neue Freundin!“

Dann kommt Mark zum Thema Luka. Er kennt den Jungen aus der Schule. Er verspricht, dass er mit Luka reden wird. Und natürlich auch mit seinen Eltern. Dieser Diebstahl ist keine Kleinigkeit. Die Bande hat ja nicht nur ein paar Äpfel für sich selbst geklaut. Sie wollten auch welche verkaufen lassen.

Lena fragt: „Was ist mit Lukas Drohung? Er will Jan und Timo plattmachen. Und mir die Haare abschneiden!“

Mark versichert ihnen, dass sie sich nicht vor Luka fürchten müssen.

Er wird dafür sorgen,
dass Luka ihnen nichts tut.

Die vier sind total erleichtert. Sie vertrauen Mark Baumann. Sie wissen: Sie brauchen sich keine Sorgen mehr zu machen!
Eine Sache sollten sie allerdings noch klären. Julia stößt Jan an. Er weiß sofort, was sie von ihm will. Jan beschreibt zögernd ihr Lagerfeuer.

**Er erzählt, wie es auf Kramers Wiese gebrannt hat.**

Die Kinder warten gespannt darauf, was Mark sagen wird. Er nickt und antwortet: „Ihr habt wirklich Glück gehabt! Ihr hättet euch verletzen können. Das wisst ihr sicher. Ihr sprecht am besten mit euren Eltern darüber. Sie können mit euch zu Kramers gehen. Die müssen ja Bescheid wissen.“
Die Freunde schlucken. Das wird nicht einfach. Aber er hat natürlich recht.
Julia, Lena, Jan und Timo wollen die Sache sofort klären. Sie verabschieden sich von Mark. Dann radelt jeder zu sich nach Hause.
Zum Glück sind die Eltern ihnen nicht böse.

Allerdings müssen die Kinder versprechen, nie wieder allein ein Feuer anzuzünden. Das fällt ihnen nicht schwer: Sie möchten so etwas nicht noch einmal erleben!
Die Eltern begleiten sie noch am selben Tag zu Kramers. Dort beichten sie den Vorfall. Die Bauern zeigen viel Verständnis.

Sie sind froh,
dass nicht mehr passiert ist.

Das Gras auf ihrer Wiese wird sich schnell wieder erholen. Nun haben Timo und die anderen kein schlechtes Gewissen mehr. Sie dürfen sogar noch

eine Woche neben dem Obstgarten zelten! Zum Glück verläuft nun alles ohne Störungen. Sie unternehmen viel zusammen und können die Zeit richtig genießen.
Der Rest von Timos Sommerferien wird dann auch noch schön. An den Wochenenden fährt er mit seiner Familie an den Badesee oder zum Wandern. Einmal besuchen sie einen Freizeitpark. Dort probiert Timo mit seinem Bruder Jonas alle Achterbahnen aus. Sie haben viel Spaß!

## Mark Baumann erfüllt seine Zusage.

Er trifft sich mit den Eltern von Luka und seiner Bande. Sie sind total geschockt, als sie erfahren, was ihre Jungs angestellt haben.
Die Diebe müssen sich bei Bauer Kramer entschuldigen. Sie haben auch schon vorher ein paar Mal Äpfel von ihm gestohlen. Diese hat Lukas Bruder auf dem Großmarkt verkauft. Die Jugendlichen sollen Herrn Kramer einen Tag lang bei seiner Arbeit auf dem Hof helfen. So können

sie den Schaden wiedergutmachen. Dafür meldet er sie nicht bei der Polizei.
Timo befürchtet nun, dass Luka sich an ihnen rächen wird. Schließlich haben sie Mark von dem Diebstahl der Äpfel erzählt. Doch Luka weiß anscheinend, dass er sich keinen Ärger mehr leisten kann. Ab und zu treffen sie sich zufällig im Dorf. Dann schaut er die Freunde zwar böse an, sagt aber nichts. Darüber sind die vier sehr erleichtert.
Am Ende ist Timo dankbar für die tollen Ferien.

## Denn nun ist noch alles gut geworden!

## 11. Die Schatzgräber

Timo schreit: „Haltet den Dieb!“ Dann saust er los. Zum Glück ist das Ganze nur Spaß! Timo ist heute zum dritten Mal bei der Kindergruppe von Mark Baumann. Mark hat ihn nach den Sommerferien dazu eingeladen. Sie spielen gerade Dieb und Polizist.

Ben lacht und rennt davon. Er entwischt Timo knapp. Mist! Timo hätte ihn so gerne ins Gefängnis gebracht.

Mark Baumann ruft: „Los, Timo, schnapp ihn dir!“ Doch Timo ist schon ziemlich kaputt. Er muss erst mal verschnaufen. Er hat als Polizist bereits eine Menge Diebe gefangen. Jan ist auch darunter.

Julia und Lena sind ebenfalls Polizisten.

Julia kann sehr schnell laufen. Timo ist froh, dass sie in seiner Mannschaft ist. Den Freunden gefällt die Kindergruppe sehr gut. Sie heißt „Die

Schatzgräber". Timo hat sich erst über den Namen gewundert. Doch dann hat Mark es ihm erklärt: Sie spielen zusammen oder sind draußen unterwegs. Aber sie hören auch Geschichten aus der Bibel.

Diese sind schon sehr alt.

Trotzdem können die Menschen aus ihnen viel für ihr Leben lernen.
Mark hat gesagt: „Wir lesen die Geschichten ganz genau und denken darüber nach. Wir wollen

herausfinden, welche Bedeutung sie für uns haben. Das ist so, als ob wir nach einem Schatz graben. Ich bin gespannt, wie viele Schätze wir zusammen heben werden!“

Timo, Jan, Julia und Lena haben in der Kindergruppe einige neue Freunde gefunden. Das ist toll!

**Vor allem haben sie nun einen ganz besonderen Freund.**

Der ist immer bei ihnen und passt auf sie auf: Jesus!

Sie sind sich sicher, dass Jesus ihnen beim Löschen des Feuers geholfen hat. Als sie wegen Lukas Drohung nicht mehr weiterwussten, hat Jesus ihnen Mark Baumann geschickt. Mit seiner Hilfe ist am Ende alles gut geworden!

Timo findet es zwar immer noch nicht schön, dass seine Familie in den Sommerferien keinen Urlaub machen konnte. Doch wer weiß – womöglich hätte er sonst nie mit Jan, Julia, Lena und Bob gezeltet! Dann hätten sie das Tipi nicht gebaut. Sie hätten Marks Rede beim Zeltlager nicht gehört. Wahrscheinlich wüssten sie heute immer noch nicht, dass Jesus ihr Freund sein will. Und das wäre doch wirklich schade!

## Nun hat Timo sich genug ausgeruht.

Er hat wieder Kraft, um weiterzuspielen. Er ruft: „Na warte, Ben! Dich kriege ich auch noch!" Dann stürmt er los. Und er gibt nicht auf, bevor alle Diebe geschnappt sind!